「願翻開此書的你，

人生猶如花朵燦然綻放」

致 ______________________

目錄

目錄

第3章 別任由歲月流逝，要逐步豐富它

目錄

好評推薦

「字裡行間彷彿散發春日特有的迷人花香，想空出一整個下午的時間品味每一則詩篇與畫作，用藝術與文字撫慰疲憊的身心。」

——莫莉，韓文翻譯、作者

「生命這趟旅程，要做自己最溫柔的旅伴。這本書彷彿拍著我的肩膀這樣對我說。」

——黃斐柔，作家

前言

將昨日奉為明鏡，決定明日的方向

戰勝嚴冬的梅花與山茱萸花綻放得正美的春天，萬物恢復活力，開始舉行慶典之際，我站在人生的盡頭。在加護病房多數昏迷的患者中，我是唯一意識清楚之人。

女兒的婚禮進行得很順利，書在出版後的反應也超乎預期，我甚至睽違多時地與妻子計畫好要去歐洲旅行。家人平安無恙，心上就無掛憂之事，但說來也奇怪，我卻隱隱感到不安。因為我活了大半輩子，深知不可能每次都只有好事發生。我在人生中體會到的是，晴空之後有烏雲也有颱風，因此沒辦法全然享受幸福。

直到有一天我在田裡幹活，突然胸口一陣揪痛，冷汗直流，壓迫感逐漸加劇。我心想，再這樣下去就要小命不保了，因此急忙打電話給太太要她幫我叫救護車。短短幾秒，家人的臉孔浮現腦海，難道就要這麼永別了嗎？我坐上救護車，來到鄰近綜合醫院接受各種檢查，結果是急性心肌梗塞，當場就安排了支架置入手術，醫生說只要再晚一步生命就有危險。我就這樣住進了加護病房。

待在加護病房的我，腦中閃過無數念頭。站在死亡的關口，一時之間，真正珍貴的事物變得格外鮮明——與家人相親相愛地生活著；既然喜歡旅行，就該經常去遊覽、去感受；先規劃好後事，好讓留下來的家人不會那麼不知所措……過往人生中拚命追逐的那些東西，反而沒有半點進入我的腦袋。

幸虧身體好轉，我得以再次迎接嶄新的春天，而我也很自然地接受了，**所謂的死亡，會在我周圍打轉，並且隨時都可能出現**。還有，我回

顧了那些在鬼門關前更顯珍貴的人事物，對我擁有的一切心懷感謝，慢慢地，我明白了自己是多麼幸福的人。

我決定更專注於那些珍貴的人事物，我打造更多與家人相處的時光，也全心沉浸於這些時光。過去總是以時間和金錢為藉口推遲，但現在我會定期與妻子手牽手去旅行。

與此同時，為了不在名為死亡的人生盡頭留下遺憾，我開始一步步進行準備。我思考自己能為他人留下什麼，後來與太太一起簽了器官與人體組織的捐贈同意書，也申請了拒絕延命治療，並打聽了能與妻子攜手長眠的樹葬園。

死亡的瞬間終有一日會到來。為了在那一刻到來時，也能面帶微笑離開，好好珍惜自己擁有的生活吧。**只要想到會如何死，就會明白自己現在該怎麼活**。雖然我曾希望自己能更早領悟到何為真正珍貴的人事物、我想留下的東西是什麼，但現在也為時不晚。

無論爬再高的山，總有一天也得下山。我們的生活也一樣。人生看似是永無止境的上坡路，但走下坡路與結束旅程的時刻必然會到來。活到現在，我不曾近距離思索旅程的盡頭，也就是死亡，我以為自己會時時昂首挺胸，望著前方往山頂爬。

不留後悔的人生似乎是天方夜譚。我同樣有過許多後悔莫及的事，只不過我努力以智慧去善用那份悔恨，將昨日奉為明鏡，決定明日的方向。人生智慧通常是從經驗中獲得，因此後悔的經驗也會為未來帶來智慧。

願本書能為你帶來契機，在你喘不過氣時成為你的歇腳處，帶給你重新出發的勇氣，並撫慰過往的歲月。最重要的是，我懇切地盼望這本書能讓你領悟到，對自己來說真正珍貴的事物是什麼。

凡例

本書所收錄之畫作，其著作權均已屆期，屬於公眾領域，可自由引用。作品資訊（作者、名稱、年分、種類、尺寸）詳列於書末附錄，正文中僅標示作者與作品名稱。

第1章

別把人生活得像習題

01 偶爾偏離常軌，人生也不會因而動搖

我生平第一次去了歐洲旅行。
要是計較這些、追究那些，苦惱到最後，
不曉得又要拖到何年何月何日了。

還得讓孩子們結婚成家呢，
可不能這麼揮金如土啊，
此刻正是好好打拚的時候，
可不能悠哉去旅行啊……
這樣想，無非是徒增不能去旅行的理由。

「休息」二字令許多人感到彆扭或不安，
只因自己這輩子都是這麼活過來的，
周圍的人也都是這麼過的，
人生不能休息，被視為天經地義之事。

但實際出發了，我才驀然明白，
沒有什麼事，會因為享受些許從容就改變。
即使晚了別人一步，
你所累積的堅實人生也不會因此動搖。

因此別害怕，偶爾偏離常軌，
別問理由，試著出發一回吧！

02 凝望街上的繁花，聚攢心靈的財富

春花錦簇的街上，猶如擺了一席春花盛宴，
環視四周也不見價格表，因此是無價的。

打開五感，享受街上精心擺設的晚宴，
我所凝望的每片花瓣，
猶如在心靈戶頭累積的財產。

我們彷彿生活在私有財與公共財共存的世界。
私有財雖無法任我所想輕易獲取，

但公共財呢，只要我下定決心享受，則無一不是我的寶藏。
特別是大自然，不正是任何人都能享受的財富嗎？

在繁花盛開的屋頂下漫步，我如此想著，
自己彷彿頓時成了萬貫富豪。

若能享受俯拾即是的財富，誰都能成為富者。
只是，人們的眼中，似乎看不太清楚那些財富啊。

伸手摘夜空之星的人，
卻遺忘了自己腳下的花朵。

——邊沁（Jeremy Bentham），英國哲學家

莫內（Oscar-Claude Monet），〈藝術家的維特尼花園〉

03 今天，奢侈地享受一回從容吧

風和日麗的春天，我計畫去騎自行車，
中途不停歇，一路騎到有一小時車程遠的漢江，
邊盤算著，邊走出了家門。

可是出門之後，別說是騎車奔馳，
不一會兒我就停下來欣賞街頭，
再過一會兒又停下來為花瓣讚嘆，
就這樣反覆走走停停。

有什麼好著急的呢？何必只顧著朝前方奔馳呢？
全然去感受這世界、這春天，有多好啊？

與綻放的繁花對視，
當個觀眾欣賞鴨子嬉戲，
繞進水產市場買個生魚片，
逛一逛花市，也到傳統弓場去參觀，
不知不覺地，三小時就過了。

若想追求從容不迫的人生，
不須錙銖較量，搞得太複雜，
只要下定決心要這麼做就成了。

就像原本打算漫無目的地騎自行車，
卻每一步都停下來，盡情享受從容的我一樣。

04 趁著散步時，悄悄丟掉煩惱

加拿大暢銷作家厄爾尼・柴林斯基（Ernie J. Zelinski）如此談論煩惱：

四〇%絕對不會在現實中發生，
三〇%是已經發生的事，
二二%是微不足道的煩惱，
四%無法靠我們的力量改變，
四%能靠我們的力量改變。
換句話說，多數都是無謂的煩惱。

但人們卻嫌這種白費力氣的煩惱不夠多，
因而自討苦吃，埋首於煩惱中，虛無地蹉跎光陰。

每當我心生擔憂，
就會趁擔憂吞噬我之前，趕緊出去散步，
趁著沒人看見，我悄悄地，
把擔憂扔在散步途中，然後離開。

當擔憂充斥腦海中，任何事都無法開始，
到頭來，無論是什麼都得嘗試一回，才能確認擔憂的真偽。
而我總在試了之後明白——
就像在一如往常的散步路徑上，

會遇見新的人與突如其來的驟雨，
即使事先擔憂、想像得再多，
人生終究會隨著變數流動。
這即是人生。

漢斯．達爾（Hans Dahl），〈峽灣的夏天〉

別寄望毫無煩憂的人生，
練習如何不沉溺於煩憂吧。

——艾倫·狄波頓（Alain de Botton），英國作家、哲學家

05 打造屬於自己的時鐘

二三十歲時，我鎮日惶惶不安，
生怕不全力奔馳就會落於人後，
會脫離世界所設定的軌道，
因此我絲毫不敢停歇，奔馳再奔馳。
就連回首看看自己來到哪了，都是種奢侈，
憑藉著未來會比現在更好的茫然期待苦撐著。

四五十歲時，也不怎麼穩定，
依然在生存與淘汰的邊緣上走鋼絲，

對不確定的未來提心吊膽，
胸口時不時感到愁悶。

我在追求什麼？
這樣彷彿被追趕的生活，要持續到什麼時候？
當胸口被壓得喘不過氣時，
多希望世界能停下來等一等我。
然而，世界絕不會為我逗留。

因此，想停下來就得靠自己，
從世界設定的軌道下來喘口氣，
以適合我的速度，重新啟程吧。

或許會不安地想，
世界會拋下自己繼續往前奔馳，
但那個念頭其實是自己想像出來的而已。

若是打造出屬於我的時鐘，擁有屬於我的時間，
就不是走在他人背後，
而是看著屬於我的世界前行了。

先綻放的花朵先凋謝，
無須急著比他人更早立功。

——菜根譚

亞瑟．海爾（Arthur Heyer），〈三隻充滿好奇心的貓〉

06
毫不羨慕他人的原因

我在馬來西亞旅行的途中遇見了傳統船屋，
雖然很納悶人們要如何在水上生活，
但對他們來說，想必是經年累月所建立的生活方式吧。

據說來到馬來西亞的移民，
主要會在這樣的傳統船屋落地生根，
既能躲避山中的猛獸，又能抓魚，生活十分便利。

隨著經濟發展，這種船屋正慢慢消失，

同時，在船屋的另一頭，高樓大廈櫛比鱗次，
兩側形成鮮明對比的風景，吸引了人們的視線。

在生活周遭就能感受到貧富差距，不會氣憤難平嗎？
但一位居民如此告訴我：
「雖然有貧富差距，
但我們並不眷戀那些身外之物，
大家都滿足於現有的事物，心靈富足有餘。」

相較於現有的事物，
我們更容易被無法擁有的一切奪去目光，感到渴望，
只向著更大更高之處奔馳而去。
懂得滿足的日子，

那樣的日子究竟在人生中占了幾天呢？
何時才能擺脫欲望與野心的網？

07 人生太長，不該只拿來悔恨

一切要以家人優先，禁止自己奢侈；
相較於現在，更要為未來累積財富、省吃儉用。

如此走來的人生，
卻在某日突如其來的死亡門檻前，
顯得毫無意義。

一省再省，何時才能享受呢？
人生太短，盡情享受都來不及了，

如果只拿來悔恨，人生又未免太長。

要怪罪於年紀，我尚且年輕，

能款待我的幸福，其實多得四處滿溢。

查爾斯・寇特妮・庫蘭（Charles Courtney Curran），〈高處〉

08
別任由自己的身體徹底沒電

手機電池沒電了，
電源關閉後，直到電力充到一定程度為止，
電源都不會打開，確保有最低限度的動力才會開啟。

就像生活偶爾也會沒電，
能量耗盡後，連要站好都有困難，
但這時，人們經常會心急地硬擠出已經見底的能量。

明知這樣也解決不了什麼，

仍覺得至少得做點什麼才行，
直到徹底沒電後，要重振旗鼓並不容易。

手機電池剩下二〇%電力就會跳出警告，
告知使用者現在不是使用的時候，而是補充能量的時候。

我們的身心也會不時發出警告，
但問題就出在我們會忽視警告。
別撐到螢幕都變成黑屏了，
至少守住四分之一的能量吧。

想法之門會再度開啟，力氣也會回來的，
到時候，重新開始就行了。

只要暫時從工作中脫離，拉開距離，
就能清晰看見人生的和諧均衡
是如何打破的。

——李奧納多·達文西（Leonardo Da Vinci），
義大利藝術家

✿拉蒙．卡薩斯（Ramon Casas），〈疲倦〉

09
最美好的時光，就是此刻

放入書頁中曬乾的楓葉美麗如昔，
感覺就像把長久珍藏於胸口的回憶取出欣賞。

我想起了，
將乾透的美麗楓葉遞給心愛戀人的純真時期，
想起了相較於物質，以真心博得好感，
以純真打動芳心的青春模樣。

隨著歲月積垢的堆疊，

純真逐漸模糊了面貌，
但看到乾透的楓葉，
便回想起我那曾經純真的青春。

物換星移，不禁心想，
那時好像是人生中最美好的時光，
但此時此刻，隨著歲月流逝，再回頭看，
也會變成我人生中最美好的時光吧。
我凝望著窗外的今日，如此想著。

10 真正展開人生的瞬間

寶寶出生時，為了宣告自身的存在，
會向世界大聲呼喊。

然而隨著歲月的流逝，成為大人的我們，
卻為了盡可能不引起他人注意，
逐漸隱藏自身的存在。

相較於苦惱自己想做什麼，
我們總是苦惱別人想看到什麼，

打造出給他人看的人生，而不是為自己活的人生。

不管是誰，在世上都是獨一無二的，
在這世上，只有一個我。

如果不找到失去的人生，
說不定就會像乾枯的落葉，
只要微風拂來，就會弱不禁風地飄落。

要記得，
領悟到不須展現給別人看，
也無須與他人比較的那瞬間，
屬於我的人生才於焉展開。

失去對自己的自信感，
全世界都將與我為敵。
——愛默生（Ralph Waldo Emerson），美國思想家

奧古斯特．圖爾穆什（Auguste Toulmouche），〈鏡子〉

11
別浪費歲月，執著於無法改變之事

沒有人生是不費力氣的，
每個人都在逐步打造自己的人生，
無論是否滿足於既有的人生，
負責打造往後人生的主角都是我。

若是出生時的起跑點就有天壤之別，
或許會心生不平與委屈，
不過沒有什麼比緊抓著無法改變之事不放，蹉跎光陰，
更教人委屈的了。

我能決定的，
就只有包容自己人生的心，
為自己的人生全力以赴，
對這人生心存感激與尊重，並知足常樂。
雖然無法改變出生時既定的起跑點，
但活著的日子，想要多少幸福都是自尋的。

就算今天從一開始就碰上驟雨，
剩下的時間要如何度過，
也不是看老天爺臉色，而是操之在我。

12 每個人都需要煙囪

卡在繁忙運轉的日常齒輪中，
生活忙得焦頭爛額的我們，
最需要的，就是「煙囪」。

適當排放燃燒生活能量所產生的煙霧，
供給新鮮空氣的煙囪，
這根煙囪若是堵住了，吸入煙霧的人，
終究是我與我的家人。

你也有煙囪嗎？
你是否置身於白茫茫的煙霧中，
活得不知明日是何日，
也不知道家人身在何方呢？

莫內，〈班納庫爾的塞納河畔〉

13 ─ 尋找比金錢更有價值之物

你知道把金錢當成目標的人，
與把金錢視為手段的人有何差異嗎？

把金錢想成人生目標的人，
一輩子都是為了攢錢活著，
攢了又攢，絲毫不見盡頭。
此時，擁有的金錢都滿溢出來了，
卻依然無止境在攢錢中度過人生。

至於把金錢視為人生手段的人呢？
某月刊的總編輯曾說過這樣的話：

如果是為了自己夢想中有意義之事，
就要懂得把金錢當成落葉燒掉。

把金錢視為手段的人，
會毫不猶豫把錢拿來交換自己認定更好的價值。

有朋友說想拚命攢錢到四五十歲左右，
離職後把這筆錢拿去做慈善。

若是把金錢視為手段而非目的，
我們就不該把焦點放在金錢，
而是關注更有價值的東西，並度過人生，不是嗎？

所謂的財產，
不屬於擁有它的人，
而是屬於享受它的人。
——詹姆斯·豪威爾（James Howell），威爾斯歷史學家

愛德華・亨利・波塔斯特（Edward Henry Potthast），〈夏〉

14 拋下一個欲望，數個幸福進門

只是晚一點出門上班，
捷運內竟然冷清成這樣，
寬敞的車廂內就只有我一名乘客，
就算無法擁有包機，也感覺自己擁有了專用包廂。

成為無車族已經第三年了，
我以大眾交通工具代替駕車，
全國各地任我自由來去。

因為少了車子，能走的距離都用走的，
一天平均能走上一萬兩千步。
就算不刻意撥出時間運動，也能有運動效果。

最棒的一點，
就是不必在車水馬龍的都市裡開車，飽受壓力，
一雙手能自由做各種事情，
也能保有自己的時間。

只是拋下了對車的欲望，
無窮無盡的從容與幸福隨之進門。

真正重要的事物是沒有主人的，

就算不擁有也能盡情享受的東西，
現在正是與它們多加親近的年紀。

15 花路何必他處尋？我的人生即是花

被生活壓得喘不過氣的某日，
驀然回首來路，
卻僅有坑坑窪窪的凹洞映入眼簾。

我失落地望著其他人的路，
有朋友走在玫瑰盛開的花路，
也有朋友走在鬱金香盛開的花路。
就只有我的來路千瘡百孔，令人唏噓不已，
什麼時候我也能步上朋友所走的花路呢？

人生遠看是喜劇，近看是悲劇。
是我的人生靠得太近，才只看見水窪，
是朋友的人生位於遠處，放眼望去才都是花朵。
然而從某天開始，
水窪旁盛開的無數野花，
開始慢慢映入眼簾。

明明近在眼前，先前怎麼就沒看見呢？
我明白了，與我同行的不知名花朵有多珍貴，多教人感激。

真是可惜了尋找花路而徘徊的時光，
根本沒必要為了另尋花路而徬徨，

至今我走過的路也是花路啊。
我的人生本身亦是一朵花，
與我如出一轍，我專屬的花。

喬治・吉拉德（Georges Girard），〈明月前垂首〉

幸福是立即就能從瑣事中發現樂趣。

——休・沃波爾（Hugh Walpole），英國小說家

第2章

心有悸動，日日是春天

16

熱情如熾烈太陽，人生如絢麗晚霞

蟬為了活上一個多月的生命，
在土壤與水中等待七年的漫長歲月。

接著，化為成蟲來到世上後，
為了尋找伴侶而高亢鳴叫。
牠並不是為自己短暫的一生感到哀傷，
而是為了宣告自身的存在，
因而蟬鳴不絕。

人類所擁有的生命，
相較於蟬，長到難以計數，
但是又有多少人像蟬一樣，
淒切地活過一天又一天？

天空彷彿要出遊玩耍般，將自己打扮得紅豔。
試著讓內心的熱情像火紅的太陽一樣熾烈燃燒，
讓人生像晚霞一樣絢麗地渲染天空吧。

就像不帶眷戀、不帶後悔地使勁鳴唱，
而後翩然離去的蟬。

威廉．布拉德福德（William Bradford），〈芬迪灣日出時北角的景色〉

若是擁有一缸好罈子，
就毫不吝惜地使用它吧，
到了明天，說不準它就摔破了。

——《塔木德》(*Talmud*)

17 — 心靈變粗暴時，世界也會變粗暴

充滿千頭萬緒的日子，
我開車經過八堂壩，沿著漢江前行。
由於正值寒流來襲，漢江水面覆上了一層薄冰。
以冰阻隔外界與底下流動的水，猶如我的心。

一旦內心凍結，變得粗暴，
圍繞我的所有感覺也跟著粗暴起來。
無論什麼都無法溫柔接納，
世界與我之間豎起了一道高牆。

無論內心凍結的原因，
是外界吹來了風，
抑或是我內在的冷嘲熱諷，
那些都不怎麼重要，
因為到頭來，改變心境是我要面對的問題。

因此，與其怪罪外界，
必須趁薄冰變成冰牆之前，
從內融化自己的心。

長時間的隔絕，可能會演變成與世界訣別，
所以，試著輕輕撈起不透明的冰膜，
以春日般的心情再次迎接世界吧。

18 沉浸於昏昏欲睡的春日下午

眾花爭先恐後綻放，
有花苞彷彿要炸裂般膨脹鼓起的花朵，
也有盛放的櫻花以燦爛微笑誘惑著我。

性急的木蘭似乎早早達到盛開期，
在春風的吹拂下，花瓣無可奈何地飄揚。
就這樣花開花落，春意漸濃。

色彩黯淡的山麓迎來春天，

正忙著以嫩綠色的顏料妝點自己。
就連凍結的泥土也好似被輕輕搖曳的春風融化，變得鬆軟，
但即便是春風，
對從縫隙探出頭來的柔弱嫩芽來說，也難以招架。
心地善良的大自然也給淒冷的市中心送來了春天。
我那沾染混凝土氣味的鼻子難得享了一次福，
是沉醉於花香了嗎？整個下午昏昏欲睡。
朦朦朧朧的，我肯定是醉了。

多數人望著草坪，

但在其中發現花朵的人是少數。

——愛默生，美國思想家

弗朗切斯科・薇妮雅（Francesco Vinea），〈佛羅倫斯之春〉

19 人生也有三寒四溫

韓國冬天的天氣，
具有冷三天、暖四天的「三寒四溫」特性。

在江原道的明太魚風乾場，
明太魚經歷反覆結凍又融化的過程，
準備展現它獨特的美味，
這是多虧了三寒四溫的氣候條件。

冬天就該有冬天的樣子，

因為有刺骨嚴寒，
才顯得隨後而來的陽光更加溫暖而珍貴。

人不是因為寒冷死去的，
而是失去希望時才會凋零。

我們的人生想必也有三寒四溫。
此時的寒流不會永遠持續，
寒流過後，將有和煦陽光等候。

就這麼反覆結凍與融化，
把人生打造得越來越堅韌，
我們也將迎來漫長的春日。

20 我能決定自己身處的地方

「監獄與修道院的共同點，就在於與世隔絕。
若論兩者的差異，
僅在於是心懷不滿，或是心存感謝。
哪怕置身監獄，只要心懷感謝，也能宛如置身修道院。」

這是日本經營之神松下幸之助說過的話。

無論看到好的新聞或壞的新聞，
總是能在留言發現滿腹怒氣的人。

為什麼老是要把自己推進泥沼之中呢？

若負面看待世界，
就算置身世上最祥和之地，
也會猶如身陷囹圄。

若正面看待世界，
就算置身世上最混亂之地，
也會猶如來到修道院般祥和寧靜。

此時的你身在何處？
是監獄，抑或是修道院呢？

斐迪南・喬格・華德米勒（Ferdinand Georg Waldmüller），〈阿爾陶塞湖與達赫施泰因山的風景〉

該享受幸福的時間是此刻，
該享受幸福的地點是此地。

——羅伯特・英格索爾（Robert G. Ingersoll），美國律師、作家

21 師法自然，勤快打理人生

當你還在與酷暑爭執不休，
大汗涔涔，不肯認輸的時候，
大自然正忙著迎接下一個季節。

就在你麻木地翻過月曆的期間，
秋天已漸漸成熟。
稻穗打造出結實飽滿的身體，
水果則為了各自的尖峰時刻，
懷抱烈日，汗如雨下。

花開花謝，結出果實，
即便面對豔陽高照與狂風驟雨，
也絲毫沒有推遲成長。

當早晚開始吹起瑟瑟冷風，
遭寒風襲擊的水果，雙頰就會害羞地轉為通紅。

柿子樹上結出的青柿，
不久後便會透出橘紅，露出燦爛笑容；
青蘋果也會大口吸入熾烈的陽光，
與太陽一樣燒得火紅。

夏天走入了歷史，

秋天的腳步正在到來。
即便經歷了無數次四季，
卻未曾珍視、思量大自然的奔忙。

我們眼中的大自然或許是靜止的，
但它們一刻也不曾歇息。
每天時時刻刻都在全力以赴，
讓自己的生命綻放出最美麗的花朵，
大自然的眾生令人肅然起敬。

若人類也能師法大自然並珍視生命，
全心全意打點人生，
世界理當會更加美好才是。

✿ 埃德蒙・貝理雅・雷頓（Edmund Blair Leighton），〈我女人的庭園〉

22 我們是隨時都能生出新葉的樹木

楓葉正值顛峰期，
意味著距離墜落之日亦不遠矣。
人們經常望著楓葉飄落的情景，
感受到歲月的空虛。

但我們不是楓葉，而是樹木，
是春天到來時會再次冒出新芽，
朝著新巔峰期前進的樹木，
只要下定決心就能生出新葉，

再次經歷全新巔峰期的存在。

因此別為了楓葉飄落而哀傷，
墜落會帶來另一次開始，
等冬日一過，春日又會馬上到來。
別心懷恐懼，而是心懷悸動地墜落吧！

在何種高度經歷顛峰期固然重要，
但墜落的姿態有多美也很重要。

所有葉片化為花朵的秋天，
是第二個春天。

——卡繆（Albert Camus），法國小說家、哲學家

沃辛頓．魏特吉（Worthington Whittredge），〈鱒魚池塘〉

23 旅行就是花錢去受苦

旅行帶給人類最好的禮物，
是讓人產生想回家的念頭。
光是能讓我想念並珍惜原本生活的地方，
一趟旅行就算是成功的了。

我在義大利下榻的地方住起來非常不舒服，
建物是帶著要用上六百年的想法建造，
因此大部分建物年事已高，設施也陳舊不堪。
不過，當地人似乎並不把我認為的不便視為不便。

「夏天就會熱，冬天當然就會冷囉。」
我試著用這句話理解當地人的想法，
入境隨俗，來到羅馬就該遵守羅馬律法。
我試著尊重當地人的生活與文化，感受其中的不同。

據說「Travel」（旅行）的字根來自「Travail」（痛苦、苦難），
付出金錢受苦的代價，
是為了獲得更加理解世界的眼光。

真正的旅行，
不在於望著新風景，
而是擁有新的眼光。

——普魯斯特（Marcel Proust），法國作家

卡爾．古斯塔夫．卡魯斯（Carl Gustav Carus），
〈能欣賞那不勒斯灣景色的陽台房間〉

24 海邊的一天，猶如我們的一生

無數人潮如潮水般襲來，
又如退潮般消退的寂靜夏末大海。

沙灘上零星印下不知名的腳印，
螃蟹的家敞開一個小洞般的大門，等候著主人。
好似要提前準備冬日運動會似的，
螃蟹們忙碌製作渾圓的沙球，
孩子們築起沙堡，全神貫注在沙子上造起小小的運河。
一位父親背著全身光溜溜的兒子，走在沙灘上的背影，

跟家人們在退潮後的沙灘上，
與海鷗一起撿貝殼的模樣，是如此悠閒愜意。

一整天散發熾熱氣息的太陽，
尋找一處歇息的地方，緩緩隱身於遠海之後，
它將大海染紅了，也將藍天漆紅了，
接著在頃刻之間銷聲匿跡。

被天地一片漆黑覆蓋的大海，
圓圓的滿月代替太陽現身，
滿月悄無聲息散發光芒。

大自然的一天，似乎反映了整個人生。

25 向寬容的大自然致敬

精心描繪美麗水彩畫，
將世界抱個滿懷的你。

擁有偉大的力量，
卻不驕矜自喜的你。

經歷分裂與崩潰的痛苦，
卻仍寬容原諒人類的你。

你的名字是大自然。

替自己妝點打扮後，
就自以為鶴立雞群的你。

大自然寬容地給予擁抱，
卻忘記感謝，狂傲自滿的你。

雙眼被欲望蒙蔽，給大自然帶來痛苦，
卻不知悔改的你。

你的名字是人類。

仔細觀察大自然，
你將對萬物有更深的理解。
——愛因斯坦（Albert Einstein），
德國猶太裔理論物理學家

阿道夫・考夫曼（Adolf Kaufmann），〈春之江景〉

26 在城市達到忘我境界的方法

午後和煦陽光讓人不由自主收起簡易行囊，
把一片蘋果、一塊柿子收進包袱，
朝著陽光引領處邁開腳步。

峨嵯山是欣然擁抱人類的山。
它不是擁抱城市的山，而是與城市並存的山，
是乘載城市各種人生悲歡的山。

我沿著山路來到了一座小庵，

俯瞰環抱都市的群山，
向大自然打造的和諧致敬。

坐在小庵的石階上解開行囊，
嘴裡咬著一片蘋果，感受著平靜。

誦經聲與線香味乘著微風迎面撲來，
我感覺到精神緩緩變得清明。
偶爾聽見的風鈴聲，
將世界的汙垢一層一層濾去。

若你願意，在市中心也能達到忘我境界。
我懷著平靜之心，再次回到俗世。

27
在和煦的午後，享受人生慶典

久違享受的悠閒休假，
春日，正適合散步的天氣，
就盡可能去享受大自然餽贈的福氣吧。

路邊的連翹花、山茱萸、木蓮盛開了，
早熟的櫻花也迸出了花蕾，
以它們為首，想必花兒們將會爭先恐後綻放吧。
那些花兒很快就會迎來巔峰期了。

我人生的巔峰期究竟是何時呢？
我想了半天，卻搖頭連聲喊道「不對、不對」。
陽光和煦的午後，能夠像這樣呼吸的此刻，
不正是慶典，是我人生的顛峰期嗎？

查爾斯・寇特妮・庫蘭，〈花之路〉

28
扎根於岩石上，也能活得翠綠

即便沒有一粒沙土，爬牆虎仍扎根於岩石上，
雖然置身貧瘠環境，仍不失它的翠綠。
就算華麗的花朵奪去所有視線，
就算無人的目光駐足，它也不怪罪誰。

每當看到爬牆虎，我就會對坐擁一切，
卻又嫌不夠的自己感到慚愧。
爬牆虎啊，看著你，我回顧自己，
透過你，我感受到值得感謝的事太多了。

29

想在死後留下的話，是生活的北極星

在不知何時會找上門的死亡面前，
為了不後悔，我對自己拋出了這樣的問題：
「當我離開人世，與佇立於風景秀麗之處的松樹為伴時，
想在一塊小小的木牌上留下什麼樣的字句？」
姓名似乎沒什麼必要，
想活成什麼樣的人才重要。

從此刻開始，我試著細細思索死後要留在身旁的文字。
這段文字將成為引領我的北極星，
讓我不會在餘生迷失方向。

30 別尋找難能可貴的幸福

世上最不幸的人，
任誰看來，都是在幸福的情況下，
不覺得自己幸福的人。

世上最幸福的人，
任誰看來，都是在不幸的情況下，
不覺得自己不幸的人。

不幸之人即使找到好運也會感到不幸，

幸福之人則是覺得咫尺之處盡是幸福。

人們為了尋找象徵幸運的四葉草，
卻不經意踐踏散落在周圍的三葉草。

相較於難能可貴的四葉草，
我希望為遍地可掬的三葉草感到滿足，
經常且充分地當個幸福的人。

幸福的祕訣不在於尋找更多，
而是培養更懂得享受的能力。

——蘇格拉底（Socrates），古希臘哲學家

亨利—讓·紀堯姆·馬丁（Henri-Jean Guillaume Martin），〈收割期〉

31 — 寒冬讓人生更有滋味

正值日夜溫差大的時期，
農作物也隨著氣溫的高低成長。

蘿蔔長胖了身體，
白菜的肚子變得飽滿，
大波斯菊向著天空昂起頭。

將蘿蔔葉綑綁起來掛在屋簷下，
在冬天反覆結凍、融化，

這樣的乾菜滋味深沉。

如果只有溫暖開心的事，
心靈就不會成長、不會飽滿，也不會變得深沉，
只要稍有寒風吹來就會結冰。

有一天，你收到意想不到的禮物，
卻又碰上意想不到的悲劇時，
或許你會埋怨起世界，
但是，不妨把它想成是日夜溫差大的日子，
是人生滋味變得深沉的時期。

即使世界的黑暗龐大，
我們也必須找到各自的光芒。
——史丹利・庫柏力克（Stanley Kubrick），美國電影導演

梵谷（Vincent van Gogh），〈隆河的星夜〉

第3章

別任由歲月流逝，要逐步豐富它

32 判斷成功的三個標準

司馬遷的《史記》中，
將成功的尺度分成精神與物質兩大面向，
並以「上」、「中」、「下」來評價。

精神與物質都滿足，是上乘的成功；
精神滿足，物質不滿足，是中等的成功；
物質滿足，精神不滿足，是下乘的成功。

雖說這是個物質主義盛行的世界，

但精神滿足是絕對不能忽視的指標。
無論物質上取得再多的成就，
若是精神荒廢了，也不過是最下等的成功。
若能在精神上取得豐碩的成就，
就等於達到過半的成功。

然而我們能輕易計算的是物質，
也容易因他人在物質上的成功而受到刺激。
因此，判斷人生成功與否時要留意兩點：
不要拿他人的物質成功來衡量比較，
要時時將精神上的滿足視為重要指標。

能滿足於最少的人，
是最富裕的人。

——蘇格拉底，古希臘哲學家

查爾斯．寇特妮．庫蘭，〈剝玉米皮〉

33 每日反省之人，每天都是人生第一天

元旦，新年的第一天。
昨日成為去年，今日成了新年。

每個人對「新」的看法各有不同，
有人以一年為週期，有人是以一個月，
也有人是以一天為新的開始。

以一年為週期的人，
在新年第一天懷著全新的心情與覺悟，

但不消幾日，那份覺悟就變得遲鈍，
他們又會等待再次到來的新年。

對我來說，「新」會在每一瞬間到來。
就算不是以秒、以分、以小時為單位，
但我至少會努力以一天為單位，重新開始。

所謂「日新又新」，蘊含著每一天都是全新的涵義，
代表迎接一天的心情與覺悟是新的。
在一天之末省察、反省之人，
每天都是人生的第一天。

為了過上比昨天更好的生活，

我以不斷努力的姿態度過一天又一天。
儘管對於依然怠惰的我來說，
失敗的日子要比勝利的日子更多，
但我仍努力不懈。

以為明日也會像今日到來的想法，
只要稍微深入思索，就會發現這種想法相當籠統。
今天成為人生末日的可能性，
對任何人都是存在的。

所以，把每天當成人生的最後一天，
當成人生的第一天一樣去活吧。

莫內，〈紅色披肩〉

34 變化的契機，不會從天而降

幾週前，在演講遇見的人寄了郵件給我，
信中訴說自那天之後，他的生活整體有了很大的轉變，
雖然還只是開始階段，稱不上開花結果，
但對方感謝我讓他下定決心並付諸行動。

人心即使碰上非常細微的震動也會產生波長，
我也曾因為某些書改變了人生，
我沒有錯過別人過目即忘的句子，
將它視為變化的種子。

那些瞬間，對我來說是宣布開始的鐘聲。
當時響起的清脆鐘聲，至今仍在我耳畔迴盪，
依然傳遞著令我心跳加速的波長。

人們翹首等待巨大轉折點，
只顧著仰望天空生活，等待千金從天而降。

但變化不是上天賜予的，
是我的心所創造，是由我去尋找的。
哪怕是微不足道的小事，只要當成了契機，
一株草也能改變人生。

35 工作的姿態，決定了我的價值

我站在紅綠燈前等待綠燈，
眼前有不知誰丟棄的垃圾與落葉混在一起，
居無定所在街上漂泊。

清潔工在一旁忙著清掃路面。
就在我心想，因為落葉的緣故，
他的工作量肯定一下子增加了許多，
頓時，那人的口中不斷湧出刺耳的話：

「是哪些渾球把垃圾丟在街上！」

工作變多，耗費更多力氣，自然教人生氣，
但如果街上沒了垃圾，自己的飯碗不也就不保了嗎？

相較於做什麼樣的事，
以什麼樣的心態對待自己做的事更重要，
即便是相同的事，根據自己採取的姿態，
感受到的情緒也截然不同。

就算再忙再累，如果能帶著正因為如此，
自己才能待在那個位置上的想法去做事，
工作的每一刻會更有收穫吧？

就算什麼都沒改變，

只要我變了，一切也就跟著改變。

——保羅·卡拉尼提（Paul Kalanithi），

美國神經外科醫師、作家

✿ 愛德華·布魯斯（Edward Bruce），〈在喀斯喀特山脈〉

36 必須把執著的濃度調淡時

變成大人後，身高通常是不會長高了，
但更大的問題在於想法也不容易成長。

大人很容易陷入固執的泥沼，
執著於自我中心的狹隘想法，
不考慮他人的意見與立場，
只顧著強調自己所思所想。

陷入固執泥沼之人，

這種人又叫做老古板。
這種人自然讓人不想跟他對話，
也不想跟他面對面。

儘管碰上重要契機，想法會成長，
也會改變，但那種事很罕見，
因此需要有意識地提高警惕。

就算內心快憋死了，
只要反覆進行「少開口、多聆聽」的訓練，
就能把固執的濃度調淡。

37 碰到問題時，解決之前先感謝

有句話說，碰到問題時，
解決之前先感謝。

意思是說，人活著卻沒碰到難題，
就表示今天、昨天與明天都大同小異，
因此要把問題視為成長的機會。

回想起來，在職場上幾乎沒有一帆風順的日子，
甚至毫無問題的日子反而教人不安。

碰到問題時，根據面對問題的態度，
之後的方向也會跟著改變。
交付給自己的職責或待遇，
是為了讓你解決問題。
因為有了問題，你才能在那位置上，
如果沒什麼問題，事情順順利利，
就沒理由讓你坐在那位置上了。

人生是解決問題的連續，
化解問題的過程即是人生，
因此碰上了問題，解決問題之前，
先心懷感謝吧。

38 無心丟出的話，會回到自己身上

當兩人以上聚在一起對話，
就少不了關於第三人的故事，
不在場者的故事，
毫無負擔地成為眾矢之的。

但脫口而出的話真的會消失嗎？
自古以來，相較於親耳聽到負面的話，
聽到別人在背後說的閒話更教人生氣。

萬一有人對待你的態度突然驟變，
說不定是因為知道了昨晚你所說的話。

無心丟出的話，絕對不會落地，
也無法試圖撿回來。
它會在空中飄浮，最後回到自己身上。

因此，別因為好玩而拿他人當下酒菜，
自己吐出的話，終究是自己吃下。

費利克斯．瓦洛東（Félix Vallotton），〈布洛涅森林或庭園的少女們〉

魚兒向來是嘴巴被釣起，
人也是因為一張嘴而被困住。

——《塔木德》

39
對從外頭吹來的風敞開心房

美國前總統卡爾文．柯立芝（John Calvin Coolidge, Jr.）曾說：
「世界充滿了接受教育的落伍者。」

我們透過無數管道接受各種教育，
但實際善用知識與資訊的人為數不多。

「我都知道。」
「這是在老調重彈嘛。」
「又不是不知道才不去做。」

人們以這種想法撒下網，過濾掉獲得的知識。
不知道該怎麼做而做不到的人很罕見，
但多的是知道也不去做的人。

為自己的內心撒網的人，
就算天賦異稟，也很難取得正面成果。

就算天分不足，
若是能以積極心態接受世界吹來的風，
帶著輕鬆的心態去實踐，
成功的種子必然會隨之翩然而降。

40 嘗試拉長呼吸，深度探索世界

海女為了取得更豐碩的收穫，
屏住呼吸，往深處、更深處潛水。
直到氣息將盡，被水嗆到之前，再趕緊衝出水面，
為肺部緊急注入氧氣，將自己從死亡邊緣救回來。

望著忍受這份痛苦所換來的收穫，
從死裡逃生之人的嘴角掛著微笑。
衝出水面急忙吸入的那口氣，
是生存的呼吸，是喜悅的呼吸。

這樣的經驗帶領海女前往更深的海洋。
生產文字也相似，是人類才可能做到的創作活動，
其中雖含有痛苦成分，但也有成就感與喜悅。
稍縱即逝的靈感，也需要敏捷用篩子撈起，
直到噤氣的前一刻，需要有探索深海盡頭的好奇心與執著。

我的呼吸短促，無法潛入深海，
只能在遠處欣羨長時間下海撿拾的老奶奶，
像個青澀新手一樣模仿她們。

今天，我也為了拉長呼吸，
更仔細地在世界進行泅水的訓練。

人不會只因年歲增長就變老，
失去理想與熱情時才會變老。

——塞繆爾・烏爾曼（Samuel Ullman），美國詩人、商人

費利克斯・瓦洛東，〈在家中寫作的女人〉

41 能打動人心的真正武器，不是嘴巴

人們經常將嘴巴當成武器，
但比嘴巴更強大的武器是耳朵。

有個吝於聆聽他人說話的主管說：
「來，先說說看你的意見。」
但說完不消幾秒，他再度開口：
「聽聽我說的。」

主管急著開口的瞬間，員工就會吞下自己的意見，

把耳朵與心門徹底關上。

向對方提出建言時，並不是只有話說得多，
才能提供更好的建言。
有句話說，優秀的建議者是優秀的聆聽者。
願意聆聽自己說話之人提出的建言，
對方會真心去聆聽，用心去接受。

此外，仔細聆聽對方說話，
拓展對對方的理解之後，
能更有說服力地傳達自己的意見。

嘴巴與耳朵，你是以什麼樣的武器來打動人心？

42
——把人心當成西瓜般敲敲看

要買到好西瓜不容易，因為只能看表面判斷。
就算表面看起來令人垂涎三尺，
但實際看到果肉時，可能會發現外皮過厚，
或者試吃後發現不像西瓜，反而像在啃蘿蔔。
由於內外會不一致，因此無法輕易下判斷。

人心也與西瓜相似，
我們與他人對話，
藉由表面的態度、表情、語言，

而草率做出判斷的情況出乎意料地多。

我們因為對方積極回應自己的主張，
而犯下了斷定的錯誤。
當自己的想法變得迫切時，
更容易依照自己所求下結論。

如同我的體內隱藏另一個自我，
對方也有一個內在的自我。

就像先敲敲看西瓜後再購買，
我們也別只看表面就判斷人心吧。

理解不足之人，

好過誤解過多之人。

——安那托爾・佛朗士（Anatole France），法國小說家

埃米爾．克勞斯（Emile Claus），〈夏日〉

43

沒有絕對的不幸與絕對的失敗

神學家多瑪斯．阿奎那（Thomas Aquinas）說過：
「只讀一本書的人要小心了。」

經驗雖可成為良藥，
但有時也會變成毒藥。
眼界局限於少數經驗，
輕易斷定與判斷所有現象及事物，即是經驗之毒。

自我意識強與自信滿滿的人，

經常使用「絕對」這樣的字眼。
與「絕對」並存的想法，
終究是根據自身經驗而來的片面判斷。

凡事必有兩面性，如同硬幣有兩面，
幸福與不幸、成功與失敗也有兩面。

你也把「絕對」當成口頭禪掛在嘴邊嗎？
試著拆毀那句話所帶來的高牆吧，
那一刻，你將看到未曾了解的世界。

44
挫折會找上耽溺之人

暴風對船員來說是可怕的存在，
與大風大浪搏鬥豈是易事？
船長與所有船員使出渾身解數，
為了戰勝暴風，展開生死決鬥。

若是認為暴風永遠不會通過，船將持續打轉，
有可能不半途而廢並全力以赴嗎？
恐怕做不到吧。

別說是想戰勝暴風的心態了，
想必會眼睜睜地看著船難發生，
同時做好結束生命的準備。

船員會使出渾身解數努力的理由，
是因為知道暴風會過去。
是因為懷抱著，只要好好度過那一刻，
必然會迎來天青海靜的希望。

人生亦然，有晴天就有陰天。
挫折會找上過度耽溺於某種情況之人。
大自然有其規律，人生也依規律運行。
只要不失信念與希望，挫折的瞬間也肯定會過去。

人生猶如在痛苦與倦怠之間
來來去去的鐘擺。

——叔本華（Arthur Schopenhauer），德國哲學家

✿ 克里斯蒂安・克羅格（Christian Krohg），〈比利時不列顛尼亞村〉

45 要有放掉手中之物的勇氣

人們看到與自己沒什麼分別的人，
某天卻以成功之姿出現在世上，
就會在祝賀的心情背後以「運氣真好呢」來貶低對方，
安慰自己只是幸運尚未降臨而已。

幸運是在人生中找上門的機會，
但也有許多人甚至無法察覺機會的到來。
機會不會長久停留，
它具有風的屬性，轉瞬即逝。

若不是時時保持清醒，就會在不知不覺中錯失良機。

即便察覺機會到來，
眼睜睜看到機會飛走的人也所在多有。
因為不想放掉雙手抓的東西，
所以緊緊握著它們，眼神呆滯地瞪圓眼睛，
茫然望著機會溜走。

成功之人在機會到來時，
具有果敢拋下手中之物，
試圖抓取新事物的挑戰精神。
機會只會降臨在挑戰的人身上，
為了挑戰，必須具有放下的決斷與勇氣。

46 關係也是聽著腳步聲茁壯

「農作物是聽著農夫的腳步聲茁壯。」

老一輩的人對我這個新手農夫說。

若是栽下番茄幼苗，莖葉拔高，長出新芽，
直到開花結果時都精心照料，
可是卻在果實逐漸成熟時就鬆懈，停下腳步，
果實可能未成熟就枯萎，或是長得不夠飽滿。

這時老一輩的人就會說：

「是因為誠意不足。」

農夫的腳步就等於真誠，
不只栽培作物，凡事皆是如此。

無論是關係、工作或愛，
都是聽著腳步聲茁壯，
依誠意的深度而成長。

我從菜園再次領悟到，
無論什麼，都無法不勞而獲。

無論多麼親近的摯友幫助你，
也比不上你發自內心的正直與勤奮。

——班傑明．富蘭克林（Benjamin Franklin），
美國開國元勛

約瑟夫．金澤爾（Josef Kinzel），〈採收馬鈴薯〉

47 只顧著看後方，就無法駕駛人生

為了確保安全駕駛，
汽車上安裝了無數輔助裝置。

我們會透過車內外的後視鏡，
察看車輛後方的狀況。
然而，偶爾會有人被後視鏡占據所有的視線，
釀成大型事故的情況十之八九。

人生亦然，為了更美好的未來，

偶爾必須回首過往，
但不能因此被過去奪去所有視線。

為了安全運行，
偶爾回顧過去就足矣；
往後要邁向的未來，
偶爾察看也就夠了。

最應該專注的，
是此時車子經過的這條路。

反正過去的情況我奈何不了，
能改變的就只有現在與未來。

根據方向盤朝著何處及如何轉動，
目的地會跟著改變。

不要因為被過去束縛而無法往前，
或是犯下過分擔憂未來而無法前進的錯誤。

✿佩卡．哈洛寧（Pekka Halonen），〈小船上的女人〉

48 能否成大事，從小事決定

今天耽擱了微不足道的事，
小小的漏洞會不會成為引子，
導致計畫像水壩潰堤般嘩啦啦地解體？

老子的《道德經》有這樣的話：
「大事始於小事，
大事必然由小事定成敗。」

與怠惰同居的過去令人厭惡至極。
反正這場仗是由我而起，
我給自己一個滿懷悸動的夢想，
下定決心朝那夢想前進。

然後，一路大步邁出前進的步伐。

再次鞭策自己吧。
大聲喊出來吧，
為了成就大事，
從今日必須執行的細微之事開始，
堅持不懈地完成它吧。

做不成偉大的事，
就把小事做得出色吧。

——拿破崙．希爾（Napoleon Hill），美國作家

莫內，〈刺繡的莫內夫人〉

49 尊敬真心對待自己工作的人

做什麼樣的工作並不重要，
我尊敬的是真心對待自己工作的人。

認為我做的事有價值時，
就會感覺到活得像自己。
確信活得像自己時，
內在就會感到滿足。

做自己喜歡的事，

並不是不辛苦，只是不覺得辛苦。
因此，就算被露出的尖石絆倒了，
也會有重新站起來的力量。

我也喜歡我做的事，
覺得這件事有價值，
因此想真誠對待它，為此努力，
只是依然不夠。

不過，毫不動搖地穩步向前，
這就足夠了。

費利克斯．瓦洛東，〈古賓塔〉

即使一事無成，
也要懂得尊敬自己，
因為其中具有扭轉情勢的力量。

——尼采（Friedrich Wilhelm Nietzsche），德國哲學家

第4章

最難的事，
莫過於人與人之間

50 「我愛你」這句話，讓人害怕

若是向另一半說「我愛你」會怎麼樣？
通常會收到奇怪的反應。

「你背著我做錯了什麼？」
「你吃錯藥了嗎？」
「怎麼了？很嚇人耶。」

經歷過幾次這種反應後，
就會讓人害怕說出「我愛你」。

一旦開始遲疑說出溫暖的話，
就會像卡在喉頭似的，越來越難說出口。
不過，還是別停下，持續拋出去吧，
那麼，冷嘲熱諷的反應也會逐漸有所改變。

別自信地以為，所愛的人會像昨日一樣在你身旁，
以為他們永遠都會陪伴你左右，
因為人類隨時都有可能離開世上。
一思及此，就無法延遲說出「我愛你」，
就無法隨意對待「我愛你」這句話。

對該吝惜的東西吝惜，
但千萬別對「我愛你」這句話吝惜。

51 年邁而美麗的人是藝術品

一對老夫婦坐在公車站等待公車。
爺爺手上拿著一束漂亮花束，
我特別留心觀察他們，
看見兩位深情溫柔地輕聲對話。

年輕戀人之間溫柔多情的模樣固然美好，
但老夫老妻之間溫柔多情的模樣更吸引我注意，
是因為我上了年紀的緣故嗎？

有句話說，年輕美麗的人是大自然偶然的產物，
而年邁美麗的人是一件藝術品。
那幅情景，恰恰呼應了這句話。

若是我上了年紀後，跟太太看起來會如何呢？
我把想效法他們的念頭存放在心底。

人生最大的幸福，

莫過於確信我們被愛著。

——雨果（Victor Marie Hugo），法國文豪

朱爾．德洛內（Jules-Élie Delaunay），〈達夫尼與克羅伊〉

52 幫玫瑰散發花香吧

從玫瑰的根部長出玫瑰，
從百合的根部長出百合，
這是理所當然的事。

只因玫瑰花漂亮，
就強求根部是百合的孩子綻放玫瑰花，
這是顯而易見的錯誤。

人無論在何處、做什麼，

都是在綻放最像自己的花朵時，最為美麗耀眼。

父母切勿試圖替孩子挑選想要的花朵，
尊重孩子選擇的花朵，給予鼓勵，
教導、協助孩子自己為那花朵賦予價值，
才是賢明之道。

比起綻放什麼樣的花朵，
思考想透過那花兒向世界傳達什麼樣的價值，
更為重要。

玫瑰絕不可能成為向日葵，
向日葵也絕不可能成為玫瑰，
但無論是玫瑰，是向日葵，
各有各的美。

——米蘭達．寇兒（Miranda May Kerr），
澳洲企業家、慈善家

伯納德．波塔斯特（Bernard Pothast），〈花籃〉

53

相愛的人之間也需要距離

我們通常將連理枝比喻為夫妻之愛，
但連理枝之間也存在距離，
讓它們得以維持生命，在愛中生存下去。

夫妻之間也像這樣，需要各自的時間與空間，
相較於無條件黏在一起，
當獨處時間與相處時間達到和諧時，
夫妻關係會更為和睦。

為什麼想法跟我不同？
為什麼不能兩人一條心？
對另一半的期待與期望太大時，
相較於滿足與喜悅，
感受到的盡是失望與埋怨。

與子女的關係也是如此。
雖然是我的子女，但一旦離開我的懷抱，
就必須承認他們已全然成為獨立的個體。
別將他們與自己混為一談，
要放下期待與期望。

用充滿憐愛的目光保持適當距離，

風會在那之間輕輕吹拂，心變得輕盈起來，
子女的獨立性也會隨著那距離成長茁壯。

因此，愛得越深，越要給予彼此喘息的空間。

54 — 適當冷卻後溫熱的愛，更教人自在

戀愛時，光是想起對方，胸口就會小鹿亂撞，
不受控地散發滾燙熱氣，
甚至萌生哪怕是星星也願意摘給對方的激昂欲望。
然而隨著時間流逝，習慣了彼此，
愛情的溫度逐漸下降。

愛情冷卻是理所當然的，
戀愛時的熱氣不冷卻，
胸口就會因為過度負荷而難以承受。

但是適當冷卻後溫熱的愛，
對彼此來說更為自在安穩。

愛情的根本並未因為愛冷卻就消逝，
而是演變為如淡淡晚霞般的愛。

亨利－讓・紀堯姆・馬丁，〈漫步於盧森堡池塘的戀人〉

55 以名為時間的橡皮擦慢慢抹去悲傷

女兒肚中的寶寶突然離開時，
她連著好幾天以淚洗面。

我也有段時間不敢看寶寶的照片或影片。
就連我的胸口都下起了細雨，
更何況是女兒和女婿呢？

歷盡滄桑的大人們，
明白痛苦會隨著時間的流逝而鈍化，

但孩子們尚且稚嫩脆弱。

雖然不知道他們真正的心情，
但我悄悄注視努力綻放笑顏的女兒和女婿。
遺忘會讓悲傷一點一滴淡去的。
人無法背負原本的悲傷與痛楚生活下去，
所以「遺忘」猶如神賜予的禮物。

濃烈的悲傷，也以名為時間的橡皮擦慢慢抹去，
這樣的生活即是人生。

而就在幾個月後，神為女兒女婿送來了寶寶。
寶寶在媽媽的肚子中生活十個月，

帶著響亮的哭聲來到了世上。

傷痛之後的喜悅，變得更為濃烈了。

56 延宕多時的愛，如今才獻給你

初次見到孫子的那一天，
我不敢貿然觸碰他，躺在他身旁凝視良久。
出生不過三日，他的五官是如此清秀，
個性又是如此溫馴，幾乎不哭不鬧，能吃也能睡。

看著寶寶，我試著回想女兒還是寶寶的時候，
可是卻想不太起來。
雖然內心非常雀躍，女兒也很討人憐愛，
但那時忙於生計，心思都投注在工作上。

回首當年，真是懊悔不已。

隔天，父母來到了我夢裡，
父親是二十多年來第一次在夢中相見，
爸媽露出燦爛笑容的同框畫面，也是初次在夢中見到。

雖然父母在世時我也盡了力，
但我總以生活忙碌為由，對父母表現的愛依然不足。
回顧當時，同樣後悔莫及。

哪怕是在夢裡也好，我為了多看父母幾眼，所以賴在床上。
兩位開朗的笑顏是如此生動，
我帶著愉快的心情睜開了眼睛。

往事種種，留下了悔恨。
往後，我要不留後悔地去愛，
想把未給予的愛，全數獻給孫子。

✿ 卡羅勒斯－杜蘭（Carolus-Duran），〈興高采烈的人們〉

生於這個世上，我們經歷最棒的事，
就是學習家人的愛。

——喬治・麥克唐納（George MacDonald），
蘇格蘭作家

57 替喜鵲留點吃的吧

柿樹的頂端掛有一顆柿子。

到了採收柿子的時期，經過鄉間小路時，
總會看到一兩顆柿子稀疏掛在樹上，
這些柿子又稱為「喜鵲飯」。

這是感謝大自然賜予的珍貴收穫，
也是還給大自然的基本體諒。
我們的老祖先深知禮尚往來的道理，

這是一項有價值的傳統，
讓人感受到人類與大自然的和諧關係。

初霜後的黑紅柿子，滋味可說是一絕。
兒時我曾沉迷於這滋味，偷過幾次喜鵲飯。
自此之後，睡醒後的我，
髮型總變成亂糟糟的喜鵲頭，
我是為此付出了代價。

但願充滿情意的喜鵲飯傳統能永遠傳承下去，
還有，若是這項傳統不只是對喜鵲，
還能惠及周圍飢餓的鄰居，跟他人分享，
那該有多好呢？

58 寬恕他人，終究是為了自己

寬恕看似是利他的行為，
事實上卻是為了自己。
濾去心中仇恨的瞬間，
心中說有多快活就有多快活。

仇恨與怒氣會產生毒，
這毒終究是由自己吞下，
而在寬恕對方的瞬間，
就會製造出解毒劑。

無論情緒的溝壑是深是淺，
適當發揮鈍感力，寬恕對方，
對自己是有益處的。

查爾斯．寇特妮．庫蘭，〈蜀葵與陽光〉

59 ── 成為堵住漏洞的人

只要是人，就一定會有漏洞，
猛力抨擊他人漏洞之人，也是有漏洞的。

儘管如此，他們卻彷彿自己無懈可擊似的，
神準揪出他人的漏洞。

別說是替對方阻擋風從漏洞灌入了，
還想盡辦法把漏洞搞大。
即使傷口變深，對方痛苦呻吟，仍絲毫不以為意。

這些人其實是為了遮掩自己的漏洞，
所以才拿對方的漏洞來大做文章。
又不是把對方的漏洞搞大了，
自己的縫隙就會消失，
這樣的人可真愚昧呀。
這樣的人到哪都有。

記得我曾經為了防止冷冽的冬風鑽入房裡，
用門窗密封條圍住門板周圍。
到了冬天，多虧密封條打著哆嗦，
替我擋住狂風，我才能少受點風寒。

假如有人為圖自己高興，在手指上沾口水，

在窗戶紙上挖出一個洞，
記得別挨在旁邊，跟著一起窺探別人的漏洞。
讓自己成為像門窗密封條般，
替別人堵住縫隙的人吧。

霍金．索羅亞（Joaquín Sorolla），〈庭園的午覺〉

對他人的禮儀與體諒，

是小額投資換取大錢回報。

——湯瑪斯・索維爾（Thomas Sowell），美國經濟學家

60
——當人厭煩時，會往極度孤獨之處去

有時，我會想在大海正中央，
面對看不見陸地的方向，
孤零零地坐著看大海。

沒有船長，就我獨自一人，
關閉船的引擎，靜靜與偶爾聽見的海鷗叫聲一起，
感受徹骨的孤獨。

把對人的失落與失望，

咻地拋進茫茫大海的深處，
隨著呼嘯的狂風飛走。
這樣一次清空之後，
就能不再懷念大海，而是會懷念起人類吧。

卡爾·古斯塔夫·卡魯斯，〈山頂的浪人〉

61 身旁的熟悉之人，原本也是新的人

手機不時嘟噥著要充電，
於是我去了門市換電池。
現場有許多新型手機，
雖然店員很驚訝我怎能使用同一支手機四年，
但我只換了一顆電池。

人們往往偏愛新東西，
只要稍微熟悉一點就感到厭倦，
把目光轉向新事物。

人際關係也一樣，
對於已經親近的人，
就會口不擇言，疏於對待，
同時把能量傾注於新的人身上。

透過新的人看見新世界是件好事，
但別忘了，此時在你身旁的熟悉之人，
原本也是新的人。
他也是在你的努力下才變成熟悉的人。

即便只把傾注於新人的一半努力，
用在已經熟悉的人身上，

也能維持良好關係。

別為了新事物分心，而錯過珍貴的緣分。

62
無論悲傷或喜悅，只要有好友相伴

灰撲撲的陰天，
若感覺到自己在世上孤身一人，
那份悲傷就會無止境增加。
然而，若有許多能分擔悲傷的真心好友，
悲傷就會減半。

陰鬱多日，終於放晴的天空，
我們知道那片天空有多美、多珍貴。
獨享那份喜悅固然幸福，

但如果有許多一起快樂望著天空的好友，
幸福就會無窮無盡。

雖然不知道陰晴不定的天空何時又會變臉，
但我不想早早杞人憂天，
只要此刻天空還清朗就夠了。

還有，只要此刻好友在我身旁就夠了。

費爾南・科爾蒙（Fernand Cormon），〈友人與午餐〉

沒有什麼比從背後吹來的風，
眼前閃耀的太陽，
以及並肩同行的朋友更好的了。
——佚名

63 生活是自我創作的藝術

天空一次也沒有畫過相同的畫，
色彩與模樣變幻萬千，在天上作畫的畫家是誰呀？

過去我在自己的世界畫了什麼樣的畫，
往後又能畫出什麼樣的畫呢？
在遙遠的未來，我的畫作會有價值嗎？

生活是透過人生進行自我創作的藝術活動，
這幅作品的價值，由我來創造。

卡爾．古斯塔夫．卡魯斯，〈在哥德式窗戶前埋首讀書之人與義大利海邊的月夜〉

64 視為理所當然的，才是最重要的

我常常在失去之後，
才明白圍繞在我身邊的人事物，
並不是憑空得來。

睡得香甜值得感謝，
迎接早晨也值得感謝，
能感受到藍天，
家人陪伴在旁，
都值得感謝。

那些我們視為理所當然的事，
沒有一件事是理所當然的，
它們都值得感謝。

許多人後來才幡然領悟，
熟悉且視為理所當然的一切，
比什麼都重要。

我們並不是因為擁有得太少而不幸，
而是因為不明白重要的是什麼。

若是在生命將盡之際才明白這個真理，
我們將帶著後悔的嘆息離去。

你只是暫時拜訪這世界罷了，
因此別太過著急，
也別太過擔憂，
好好享受在路上嗅聞花香的從容吧。

——沃爾特．哈根（Walter Charles Hagen），
美國職業高爾夫球手

● 埃米爾．克勞斯，〈五月的花田〉

附錄

畫作資訊

第1章

1. 莫內，〈藝術家的維特尼花園〉（The Artist's Garden at Vétheuil），一八八一年，油畫，畫布，151.5×121公分
2. 漢斯・達爾，〈峽灣的夏天〉（Summer in the fjords），油畫，畫布，45.5×60公分
3. 亞瑟・海爾，〈三隻充滿好奇心的貓〉（Drei neugierige Katzen），一九三一年，畫布，油畫，100×80公分
4. 查爾斯・寇特妮・庫蘭，〈高處〉（High Country），一九一七年，油畫，畫布，76.8×76.8公分
5. 拉蒙・卡薩斯，〈疲倦〉（Tired），一八九五～一九〇〇年，油畫，畫布，61×51公分
6. 奧古斯特・圖爾穆什，〈鏡子〉（Le miroir），一八八八年，油畫，畫布，74.2×49.2公分

7. 莫內，〈班納庫爾的塞納河畔〉（On the Bank of the Seine），一八六八年，油畫，畫布，81.5×100.7 公分

8. 愛德華・亨利・波塔斯特，〈夏〉（Summer），油畫，畫布，40.6×31.1 公分

9. 喬治・吉拉德，〈明月前垂首〉（Girardot, Le Reverences），一八九〇年，油畫，畫布，172×222 公分

第2章

1. 威廉・布拉德福德，〈芬迪灣日出時北角的景色〉（View of Northern Head at Sunrise in the Bay of Fundy），一八六二年，油畫，畫布，58.4×87.6 公分

2. 弗朗切斯科・薇妮雅，〈佛羅倫斯之春〉（Spring in Florence），油畫，畫布，47×36.6 公分

3. 斐迪南・喬格・華德米勒，〈阿爾陶塞湖與達赫施泰因山的風景〉（View Of Lake Altaussee And The Dachstein），一八三四年，油畫，木板，31×26.5 公分

4. 埃德蒙・貝理雅・雷頓，〈我女人的庭園〉（My Lady's Garden），一九〇五年，油畫，畫布，38×33 公分

5\. 沃辛頓．魏特吉，〈鱒於池塘〉（The Trout Pool），一八七〇年，油畫，畫布，91.4×68.9 公分

6\. 卡爾．古斯塔夫．卡魯斯，〈能欣賞那不勒斯灣景色的陽台房間〉（Balcony Room with a View of the Bay of Naples），一八二九年，油畫，畫布，28.4×21.3 公分

7\. 阿道夫．考夫曼，〈春之江景〉（A River Landscape in Spring），油畫，畫布，60×90 公分

8\. 查爾斯．寇特妮．庫蘭，〈花之路〉（Path Of Flowers），一九一九年，油畫，畫布，76.2×76.2 公分

9\. 亨利－讓．紀堯姆．馬丁，〈收割期〉（Les Vendangeuses），一九二〇年，油畫，畫布，142×250.4 公分

10\. 梵谷，〈隆河的星夜〉（Starry Night over the Rhone），一八八八年，油畫，畫布，72.5×92 公分

第 3 章

1\. 查爾斯．寇特妮．庫蘭，〈剝玉米皮〉（Shucking Corn），一八九一年，油畫，畫布，

30.5×22.9 公分

2. 莫內，〈紅色披肩〉（The Red Kerchief），一八六八年，油畫，布畫，99×79.8 公分

3. 愛德華．布魯斯，〈在喀斯喀特山脈〉（In the Cascade Mountains），一九三一年，油畫，畫布，153×103.1 公分

4. 費利克斯．瓦洛東，〈布洛涅森林或庭園的少女們〉（Fillettes au Bois de Boulogne ou Le Jardin），一九〇三年，油畫，畫板，28.6×48.2 公分

5. 費利克斯．瓦洛東，〈在家中寫作的女人〉（Woman Writing in an Interior），一九〇四年，油畫，木板，60.3×34.6 公分

6. 埃米爾．克勞斯，〈夏日〉（Sunny Day），一八九九年，油畫，畫布，92.7×73.5 公分

7. 克里斯蒂安．克羅格，〈比利時不列顛尼亞村〉（Villa Britannia, Belgium），一八八五年，油畫，畫布，200×136 公分

8. 約瑟夫．金澤爾，〈採收馬鈴薯〉（Kartoffelernte），一九〇二年，油畫，畫布，68×86.5 公分

9. 佩卡．哈洛寧，〈小船上的女人〉（Nainen veneessä），一九二三年，油畫，畫布，

92×73公分

10. 莫內，〈刺繡的莫內夫人〉（Madame Monet Embroidering），一八七五年，油畫，畫布，65×55公分

11. 費利克斯・瓦洛東，〈古賓塔〉（The Tower Of Goubing），一九一九年，油畫，畫布，33.5×65.5公分

第4章

1. 朱爾・德洛內，〈達夫尼與克羅伊〉（Daphnis et Chloé），一八六八年，油畫，畫布，124.5×64.8公分

2. 伯納德・波塔斯特，〈花籃〉（The Flower Basket），油畫，畫布，50.8×40.6公分

3. 亨利－讓・紀堯姆・馬丁，〈漫步於盧森堡池塘的戀人〉（Un couple marchant le long du bassin du Luxembourg），一九三二～一九三五年，油畫，畫布，91.5×71公分

4. 卡羅勒斯－杜蘭，〈興高采烈的人們〉（Merrymakers），一八七〇年，油畫，畫布，90.2×139.7公分

5. 查爾斯・寇特妮・庫蘭，〈蜀葵與陽光〉（Hollyhocks and Sunlight），一九〇二年，

油畫，畫布，51.4×30.8 公分

6. 霍金．索羅亞，〈庭園的午覺〉（La siesta en el jardin），一九〇四年，油畫，畫布，66×96.5 公分

7. 卡爾．古斯塔夫．卡魯斯，〈山頂的浪人〉（Wanderer on the Mountaintop），一八一八年，油畫，畫布，43.2×33.7 公分

8. 費爾南．科爾蒙，〈友人與午餐〉（A Friend's Lunch），一八八五年，油畫，畫布，92.1×119.4 公分

9. 卡爾．古斯塔夫．卡魯斯，〈在哥德式窗戶前埋首讀書之人與義大利海邊的月夜〉（Mondnacht am italienischen Meer mit einem versunkenen Leser am gotischen Fenster），一八三二年，油畫，包裝用紙板，33×27 公分

10. 埃米爾．克勞斯，〈五月的花田〉（The flower garden in may），一八六九年，油畫，畫布，116.8×90.4 公分

心視野 心視野系列 150

每個當下，都是你的花路

曾以為遠方才有的幸福，其實早已在腳下綻放

꽃길이 따로 있나, 내 삶이 꽃인 것을

作者 吳坪宣（오평선）
譯者 簡郁璇
封面設計 Dinner Illustration
內文設計 點點設計 × 楊雅期
主編 陳如翎
出版二部總編輯 林俊安

出版發行 采實文化事業股份有限公司
業務發行 張世明．林踏欣．林坤蓉．王貞玉
國際版權 劉靜茹
印務採購 曾玉霞．莊玉鳳
會計行政 李韶婉．許俽瑀．張婕莛
法律顧問 第一國際法律事務所 余淑杏律師
電子信箱 acme@acmebook.com.tw
采實官網 http://www.acmebook.com.tw
采實臉書 http://www.facebook.com/acmebook01

ISBN 978-626-349-979-9
978-626-349-999-7（誠品獨家書衣版）
定價 420
初版一刷 2025 年 5 月
劃撥帳號 50148859
劃撥戶名 采實文化事業股份有限公司
104 台北市中山區南京東路二段 95 號 9 樓
電話：(02)2511-9798
傳真：(02)2571-3298

國家圖書館出版品預行編目資料

每個當下，都是你的花路：曾以為遠方才有的幸福，其實早已在腳下綻放 / 吳坪宣著；簡郁璇譯. -- 初版. – 台北市：采實文化事業股份有限公司, 2025.05
240 面；14.8×21 公分. -- (心視野系列；150)
譯自：꽃길이 따로 있나, 내 삶이 꽃인 것을
ISBN 978-626-349-979-9 (平裝)
978-626-349-999-7 (平裝誠品獨家書衣版)
1.CST: 人生哲學
191.9 114003541

采實出版集團
ACME PUBLISHING GROUP